© 2021, Norah Custaud
Édition : BoD – Books on Demand,
12/14 rond-point des Champs-Élysées,
75008 Paris
Impression : BoD - Books on Demand,
Norderstedt, Allemagne
ISBN : 9782322179466
Dépôt légal : Juin 2021

Norah Custaud

**LES MAXIMES
DE LA PHILOSOPHIE**

LES MAXIMES
DE LA PHILOSOPHIE

Avant-propos

Ce livre des maximes philosophiques propose vingt-huit thèmes choisis sur Dieu, l'amour, le mal, le plaisir, la religion, l'état, la bonté, le travail, la responsabilité et d'autres. Des thèmes qui touchent le monde dans lequel nous vivons.

Chaque thème recouvre une dizaine de citations. Chaque citation est suivie du nom de son auteur et du titre de l'ouvrage dans lequel elle se trouve. Ce livre offre également de courtes notices biographiques sur tous les philosophes proposés.

L'objectif de ce livre n'est pas de faire un manuel scolaire mais de faire découvrir de grands philosophes et de prouver que lire la philosophie procure du plaisir et de l'émotion : « la philosophie est le roman de l'âme ». Ce livre permet à chacun et à chacune d'employer les citations pour expliquer sa pensée et la rendre plus pertinente et convaincante.

Ce recueil s'adresse aux lecteurs, amateur de citations ou de maximes, puissiez-vous y trouver intérêt, profit et plaisir. Je finis cette introduction par une citation de Félix Timmermans de son roman Pallieter : « Être philosophe, ce n'est pas écrire, c'est vivre ».

The Rose, 1958 (oil on canvas)
Dali, Salvador (1904-89)
Crédit : Private Collection Photo © Christie's
Images/Bridgeman Images
© Salvador Dalí, Fundació Gala-Salvador Dali /
Adagp, Paris [2021]

Deviens qui tu es, quand tu l'auras appris.
Pindare, Pythiques, II

THÈMES

Dieu 13
L'amitié 21
L'amour 29
Le mal 35
Le bonheur 41
La liberté 47
La raison 53
La mort 59
Le plaisir 67
La femme 73
L'art 79
L'homme 85
La religion 91
La connaissance 97
La vérité 101
La vie 107
Le devoir 113
Le langage 119
Le travail 125
L'État 131
La bonté 137

Le corps 141
Le désir 145
Le temps 149
La conscience 153
La responsabilité 157
Le hasard 161
L'absurde 165

DIEU

Pesons le gain et la perte, en prenant croix que Dieu est,
Estimons ces deux cas, si vous gagnez, vous gagnez tout,
Si vous perdez, vous ne perdez rie.
Gagez donc qu'il est sans hésiter.

Blaise Pascal,
Pensées.

Après tout, qu'est Dieu ? un enfant éternel jouant à un jeu éternel dans un éternel jardin.

Shrî Aurobindo,
Aperçus et Pensées.

Il existe des conceptions vulgaires tout à fait suffisantes pour la vie pratique ; elles doivent même être la nourriture des hommes. Elles ne suffisent cependant pas à l'intelligence. Dieu ignore les singuliers.

Averroès,
Physique.

Celui qui peut mettre le doigt sur ce qui sépare le bien du mal est celui-là même qui peut toucher les pans de la toge de Dieu.

Gibran Khalil Gibran,
Le sable et l'écume.

Je me demandais à chaque minute ce que je pouvais être aux yeux de Dieu. A présent je connais la réponse : rien. Dieu ne me voit pas, Dieu ne m'entend pas, Dieu ne me connaît pas. Tu vois ce vide au-dessus de nos têtes ? C'est Dieu. Tu vois cette brèche dans la porte ? C'est Dieu. Tu vois ce trou dans la terre ? C'est Dieu encore. Le silence c'est Dieu. L'absence c'est Dieu. Dieu c'est la solitude des hommes. Il n'y avait que moi : J'ai décidé seul du Mal ; seul, j'ai inventé le Bien. C'est moi qui ai triché, moi qui ai fait des miracles, c'est moi qui m'accuse aujourd'hui, moi seul peut m'absoudre ; moi, l'homme. Si Dieu existe, l'homme est néant, si l'homme existe.

Jean-Paul Sartre,
Le diable et le bon Dieu.

On peut aussi leur dire que Dieu étant tout-puissant et infiniment sage comme ils le supposent, il pourrait, sans ôter la liberté aux hommes, conduire et diriger toujours si bien leurs cœurs et leurs esprits, leurs pensées et leurs désirs, leurs inclinaisons et leurs volontés, qu'ils ne voudraient jamais faire aucun mal, ni aucun péché, et ainsi qu'il pourrait facilement empêcher toutes sortes de vices et de péchés, sans ôter et sans blesser la liberté.

Jean Meslier,
Mémoire des pensées et sentiments.

Dieu est un océan, dont nous n'avons reçu que quelques gouttes.

Gottfried Wilhelm Leibniz,
Essais de Théodicée.

Un créateur, de toute éternité, fut Dieu est maintenant vraie, et pourtant « un créateur est Dieu ne fut pas vraie de toute éternité ; mais la proposition « ceci est Dieu » fut vraie de toute éternité ou aurait été vraie si elle avait été formulée en désignant ce pour quoi suppose « un créateur » dans un créateur, de toute éternité, fut Dieu.

Guillaume d'Ockham,
Somme de logique.

Il n'y a aucun moyen de percevoir Dieu autrement que par ses œuvres ; ce sont elles qui indiquent son existence et ce qu'il faut croire à son égard, je veux dire ce qu'il faut affirmer ou nier de lui. Il faut donc nécessairement examiner les êtres dans leur réalité, afin que de chaque branche de science, nous puissions tirer des principes vrais et certains pour nous servir dans nos recherches métaphysiques. Combien de principes ne puise-t-on pas, en effet, dans la nature des nombres et dans les propriétés des figures géométriques, principes par lesquels nous sommes conduits à connaître certaines choses que nous devons écarter de la Divinité et dont la négation nous conduit à divers sujets métaphysiques ! Quant aux choses de l'astronomie et de la physique, il n'y aura, je pense, aucun doute que ce ne soient des choses nécessaires pour comprendre la relation de l'univers au gouvernement de Dieu, telle qu'elle est en réalité et non conformément aux imaginations.

Moïse Maïmonide,
Le guide des égarés.

Dieu est le plus ancien des êtres, car il est par lui-même.

Thalès de Milet,
Les sentences et adages.

Il n'est si bon conseil pour trouver Dieu que de laisser Dieu. Que l'homme aille loin ou près, Dieu ne va jamais loin, il demeure toujours proche.

Maître Eckhart,
Discours de discernement.

Il semble que le bon Dieu ait créé le monde au profit du diable : il aurait mieux fait de s'abstenir.

Arthur Schopenhauer,
Aphorismes et insultes.

Si Dieu n'existe pas, alors, je suis Dieu. C'est ce point-là que je n'ai jamais réussi à comprendre ; pourquoi est-ce que, vous, vous êtes Dieu ? Si Dieu existe, alors, tout est sa volonté, et, hors de Lui, je ne peux rien. Si Dieu n'existe pas, alors, toute la volonté est mienne, et je suis obligé d'affirmer mon être libre.

Fiodor Dostoïevski,
Les démons.

Dieu ne peut être ni bon, ni méchant, ni juste, ni injuste. Il ne peut rien vouloir, ni rien établir, car en réalité il n'est rien, et ne devient le tout que par crédulité religieuse.

Mikhaïl Bakounine,
Dieu et l'État.

Je ne saurais voir dans l'athéisme un résultat, un événement : il est chez moi instinct naturel. Je suis trop curieux, trop sceptique, trop hautain pour accepter une réponse grossière. Dieu est une réponse grossière, une goujaterie à l'égard du penseur ; ce n'est même, au fond, qu'une grossière interdiction à notre endroit : Défense de penser.

Friedrich Nietzsche,
Ecce homo.

Dieu est un être dont les perfections sont transcendantes et illimitées. Sa nature est donc incompréhensible aux esprits finis.

George Berkeley,
Trois dialogues entre Hylas et Philonous.

L'AMITIÉ

En amitié toute pensée, tout désir, toute attente naissent et se partagent sans un mot, avec une joie secrète.

Gibran Khalil Gibran,
Le prophète.

L'amitié par intérêt présente aussi deux espèces : l'une qu'on peut appeler légale ; l'autre, morale. L'affection politique et républicaine regarde tout à la fois, et à l'égalité et à la chose dont on profite, comme ceux qui vendent et qui achètent ; et de là le proverbe : Les bons comptes font les bons amis. Quand donc cette amitié politique résulte d'une convention formelle, elle a de plus un caractère légal. Mais quand on se fie purement et simplement les uns aux autres, c'est plutôt l'amitié morale et celle de camarade à camarade. Aussi, est-ce celle-là plus que toute autre qui donne lieu à des récriminations. La cause en est que tout cela est contre nature. L'amitié par intérêt et l'amitié par vertu sont fort différentes ; et ces gens-là n'en veulent pas moins unir à la fois les deux choses ; ils ne se rapprochent que par intérêt ; ils font une amitié toute morale, comme s'ils n'étaient guidés que par des sentiments de vertu par suite de cette confiance aveugle, ils n'ont pas eu le soin de contracter une amitié légale.

Aristote,
Éthique à Nicomaque.

Parmi les choses dont la sagesse se munit en vue de la félicité de la vie tout entière, de beaucoup la plus importante est la possession de l'amitié.

Épicure,
Maximes capitales.

Désirer l'amitié est une grande faute. L'amitié doit être une joie gratuite comme celles que donne l'art, ou la vie.

Simone Weil,
La pesanteur et la grâce.

L'amitié totale est universelle. Et seule l'amitié universelle peut être une amitié totale. Tout lien particulier manque de profondeur, s'il n'est ouvert à l'amitié universelle. Le lien le plus total, qui est aussi le plus universel, est le seul à combler le désir infini.

Jean Guitton,
Mon testament philosophique.

L'amitié est un contrat par lequel nous nous engageons à rendre de petits services à quelqu'un pour qu'il nous en rende de plus grands.

Montesquieu,
Pensées diverses.

À la mollesse, au luxe, aux plaisirs de la table
Irons-nous, confiants, demander le bonheur ?
Non, mon père ; et chacun verrait un lot meilleur
Dans l'ombre seulement d'un ami véritable.

Plutarque,
Œuvres morales.

L'amitié est distraite, ou du moins impuissante. Ce qu'elle veut, elle ne le peut pas. Peut-être, après tout, ne le veut-elle pas assez ? Peut-être n'aimons-nous pas assez la vie ? Avez-vous remarqué que la mort seule réveille nos sentiments ? Comme nous aimons les amis qui viennent de nous quitter, n'est-ce pas ? Comme nous admirons ceux de nos maîtres qui ne parlent plus, la bouche pleine de terre. L'hommage vient alors tout naturellement, cet hommage que, peut-être, ils avaient attendu de nous toute leur vie. Mais savez-vous pourquoi nous sommes toujours plus justes et plus généreux avec les morts ? La raison est simple ! Avec eux, il n'y a pas d'obligation. Ils nous laissent libres, nous pouvons prendre notre temps, caser l'hommage entre le cocktail et une gentille maîtresse, à temps perdu, en somme. S'ils nous obligeaient à quelque chose, ce serait à la mémoire, et nous avons la mémoire courte. Non, c'est le mort frais que nous aimons chez nos amis, le mort douloureux, notre émotion, nous-même enfin !

Albert Camus,
La chute.

Un caractère liant et facile, une conversation douce, sont les premiers assaisonnements de l'amitié. L'humeur triste et sévère a bien quelque gravité, mais l'amitié veut plus d'aisance et de liberté, de douceur et d'indulgence.

Cicéron,
Les pensées sur l'amitié.

Dans l'amitié, gardez à jamais la noble candeur des belles âmes. On peut laisser penser aux indifférents ce qu'ils veulent, mais c'est un crime de souffrir qu'un ami nous fasse un mérite de ce que nous n'avons pas fait pour lui.

Jean-Jacques Rousseau,
Émile ou de l'éducation.

L'amitié est le plus doux assaisonnement de tous les biens.

Francis Bacon,
Les essais.

L'amitié n'est pas faite pour critiquer, elle est faite pour donner confiance.

Jean-Paul Sartre,
L'âge de raison.

Au demeurant, ce que nous appelons d'ordinaire amis et amitiés, ce ne sont que des relations familières nouées par quelque circonstance ou par utilité, et par lesquelles nos âmes sont liées. Dans l'amitié dont je parle, elles s'unissent et se confondent de façon si complète qu'elles effacent et font disparaître la couture qui les a jointes. Si l'on me presse de dire pourquoi je l'aimais, je sens que cela ne peut s'exprimer qu'en répondant : Parce que c'était lui, parce que c'était moi.

Michel de Montaigne,
Essais.

L'amitié est une source inépuisable de mécontentement et de rage dont il serait déraisonnable de vouloir se passer.

Emil Michel Cioran,
De l'inconvénient d'être né.

L'AMOUR

Qu'aime l'amour ? L'infinité ; que craint l'amour ? Des bornes.

Søren Kierkegaard,
Le journal du séducteur.

Où il n'y a pas d'amour, il n'y a pas de sagesse.

Fiodor Dostoïevski,
Les carnets du sous-sol.

L'amour véritable considère l'être aimé comme égal et libre.

Edgar Morin,
Éthique.

L'amour est le voile entre aimé et amant.

Gibran Khalil Gibran,
Le sable et l'écume.

Touché par l'amour, tout homme devient poète.

Platon,
Le Banquet.

L'amour pour ses parents est le premier devoir d'un homme.

Confucius,
Le livre des sentences.

L'amour seul connaît le secret de s'enrichir en donnant.

Socrate,
Le monde grec.

Vivre un amour, c'est se jeter à travers lui vers des buts neufs : un foyer, un travail, un avenir commun.

Simone de Beauvoir,
Pour une morale de l'ambiguïté.

Il n'y a pas au monde assez d'amour pour qu'on le gaspille sur un autre que sur l'être humain.

Max Scheler,
L'Homme du ressentiment.

L'amour détruit ou adoucit les peines et les obstacles.

Saint Augustin,
Les sermons.

L'amour est un sentiment de joie accompagné de l'idée de sa cause extérieure.

Baruch Spinoza,
Éthique.

Il n'y a d'amour vrai que dans la rencontre de deux êtres qui découvrent que l'autre est seul à être lui, dans l'éternité. À partir de ce moment, on n'est plus libre de soi ! L'amour nous fait craindre la mort de l'autre à chaque instant. Quand on fait un mariage d'amour, on promène une angoisse pour toujours. Mais si c'était à refaire, je le referais avec la même.

Lucien Jerphagnon,
De l'amour, de la mort, de Dieu et autres bagatelles.

L'amour ressemble à l'amitié : il en est, pour ainsi dire, la folie.

Sénèque,
Les fragments.

Aimer et connaître, c'est la véritable destinée de l'homme.

Joseph de Maistre,
La lettre à la marquise de Costa.

LE MAL

Le mal existe, donc de deux choses l'une, ou Dieu le sait ou il l'ignore. Dieu sait que le mal existe, il peut donc le supprimer mais il ne veut pas...un tel Dieu serait cruel et pervers, donc inadmissible. Dieu sait que le mal existe, il veut le supprimer mais il ne peut le faire...un tel Dieu serait impuissant, donc inadmissible. Dieu ne sait pas que le mal existe...un tel Dieu serait aveugle et ignorant, donc inadmissible.

Épicure,
Entretiens.

Le principe du mal réside dans la tension de la volonté, dans l'inaptitude au quiétisme, dans la mégalomanie prométhéenne d'une race qui crève d'idéal, qui éclate sous ses convictions et qui, pour s'être complu à bafouer le doute et la paresse, vices plus nobles que toutes ses vertus, s'est engagée dans une voie de perdition, dans l'histoire, dans ce mélange indécent de banalité et d'apocalypse. Les certitudes y abondent : supprimez-les, supprimez surtout leurs conséquences : vous reconstituez le Paradis. Qu'est-ce que la Chute sinon la poursuite d'une vérité et l'assurance de l'avoir trouvée, la passion pour un dogme, l'établissement dans un dogme ? Le fanatisme en résulte, tare capitale qui donne à l'homme le goût de l'efficacité, de la prophétie, de la terreur, lèpre lyrique par laquelle il contamine les âmes, les soumet, les broie ou les exalte.

Emil Michel Cioran,
Précis de décomposition.

C'est dans le vide de la pensée que s'inscrit le mal.

Hannah Arendt,
Le système totalitaire.

Impossible de pardonner à qui nous a fait du mal, si ce mal nous abaisse. Il faut penser qu'il ne nous a pas abaissé, mais a révélé notre vrai niveau.

Simone Weil,
La pesanteur et la grâce.

Le mal est le bien torturé par sa propre faim et sa propre soif.

Gibran Khalil Gibran,
Le Prophète.

Le mal a des spectateurs par milliers, et le bien trouve à peine quelques disciples.

Saint Augustin,
La cité de Dieu.

Le mal est le schisme de l'être ; il n'est pas vrai.

Joseph de Maistre,
Les considérations sur la France.

L'homme qui fait le mal est aussi digne de pitié que celui qui est la proie du mal.

Platon, *Gorgias.*

Le mal métaphysique consiste dans la simple imperfection, le mal physique dans la souffrance et le mal moral dans le péché.

Gottfried Wilhelm Leibniz,
Essais de théodicée.

Beaucoup de biens ne se produiraient pas s'il n'y avait pas de mal dans les êtres.

Thomas d'Aquin,
Somme contre les gentils.

On allège les maux en les supportant en commun.

Arthur Schopenhauer,
Aphorismes et insultes.

On n'attaque pas seulement pour faire du mal à quelqu'un mais peut-être aussi pour le seul plaisir de prendre conscience de sa force.

Friedrich Nietzsche,
Humain trop humain.

Le bien et le mal ne sont pas des grandeurs parfaitement opposées l'une à l'autre ; le bien souvent accouche du mal et la capacité de voir le mal en face est ce qui nous ouvre la capacité d'un bien relatif.

André Glucksmann,
Entretien avec Guy Rossi-Landi.

Pour triompher, le mal n'a besoin que de l'inaction des gens de bien.

Edmund Burke,
Attribution.

Jamais on ne fait le mal si pleinement et si gaiement que quand on le fait par conscience.

Blaise Pascal,
Pensées.

LE BONHEUR

Le bonheur est accomplissement : il est dans une âme satisfaite et non pas dans une âme ayant extirpé ses besoins, âme châtrée.

Emmanuel Levinas,
Totalité et Infini.

Le bonheur est une vocation moins commune qu'on imagine.

Simone de Beauvoir,
La force de l'âge.

Le bonheur n'est que dans le contentement de l'esprit et du cœur.

Épicure,
Les fragments.

Le concept de bonheur est un concept si indéterminé que, malgré le désir qu'a tout homme d'arriver à être heureux, personne ne peut jamais dire ce que réellement il veut et il désire. Le bonheur est un idéal non de la raison mais de l'imagination.

Emmanuel Kant,
Fondements de la métaphysique des mœurs.

Le bonheur est un état de l'âme, par conséquent il ne peut être durable : c'est un nom abstrait composé de quelques idées de plaisir.

Voltaire,
Les pensées philosophiques.

Le bonheur est coextensif à la contemplation, et plus on possède la faculté de contempler, plus aussi on est heureux, heureux non pas par accident mais en vertu de la contemplation même, car cette dernière est par elle-même d'un grand prix. Il en résulte que le bonheur ne saurait être qu'une forme de contemplation.

Aristote,
Éthique à Nicomaque.

En effet le bonheur de chaque individu de l'espèce humaine dépend des sentiments qu'il fait naître et qu'il nourrit dans les êtres parmi lesquels son destin l'a placé. Aucun cadeau n'est le bonheur, ni rien de ce qu'on attend ou reçoit, mais cela seulement ce qu'on fait ou qu'on donne, et point en cadeau, puisque que l'essentiel de ce que l'on peut offrir, personne, jamais, ne pourra le posséder.

André Comte-Sponville,
Le goût de vivre et cent autres propos.

Le vrai bonheur ne cherche pas à l'extérieur ses éléments : c'est en nous que nous le cultivons ; c'est de lui-même qu'il sort tout entier. On tombe à la merci de la Fortune, dès qu'on cherche au dehors quelque part de soi.

Sénèque,
Lettres à Lucilius.

Quelle chose merveilleuse serait la société des hommes, si chacun mettait du bois au feu, au lieu de pleurnicher sur des cendres !

Alain,
Propos sur le bonheur.

Il est donc facile de voir clairement combien notre bonheur dépend de ce que nous sommes, de notre individualité, tandis qu'on ne tient compte le plus souvent que de ce que nous avons ou de ce que nous représentons.

Arthur Schopenhauer,
Aphorismes et insultes.

Sois heureux un instant. Cet instant c'est ta vie.

Omar Khayyām,
Robâiyât (quatrains).

Puisse chacun avoir la chance de trouver justement la conception de la vie qui lui permet de réaliser son maximum de bonheur.

Friedrich Nietzsche,
Aurore.

Celui qui aime la gloire met son propre bonheur dans les émotions d'un autre. Celui qui aime le plaisir met son bonheur dans ses propres penchants. Mais l'homme intelligent le place dans sa propre conduite.

Marc Aurèle,
Pensées pour moi-même.

Le bonheur ne consiste pas à acquérir et à jouir, mais à ne rien désirer, car il consiste à être libre.

Épictète,
Manuel.

LA LIBERTÉ

L'homme n'est réellement libre qu'autant que sa liberté, librement reconnue et représentée comme par un miroir par la conscience libre de tous les autres, trouve la confirmation de son extension à l'infini dans leur liberté. L'homme n'est vraiment que parmi d'autres hommes également libres ; et comme il n'est libre qu'à titre humain, l'esclavage d'un seul homme sur la terre, étant une offense contre le principe même de l'humanité, est une négation de la liberté de tous.

Mikhaïl Bakounine,
Catéchisme révolutionnaire.

Les hommes se croient libres pour cette seule cause qu'ils sont conscients de leurs actions et ignorants des causes par où ils sont déterminés.

Baruch Spinoza,
L'Éthique.

La liberté absolue serait une liberté vide, qui se supprime elle-même.

Hans Jonas,
Le concept de Dieu après Auschwitz.

Quelle est la marque de la liberté réalisée ? Ne plus rougir de soi.

Friedrich Nietzsche,
Le Gai savoir.

Que les gens sont absurdes ! Ils ne se servent jamais des libertés qu'ils possèdent, mais réclament celles qu'ils ne possèdent pas ; ils ont la liberté de pensée, ils exigent la liberté de parole.

Søren Kierkegaard,
Ou bien... Ou bien.

Une liberté qui ne s'emploie qu'à nier la liberté doit être niée.

Simone de Beauvoir,
Pour une morale de l'ambiguïté.

La liberté consiste moins à faire sa volonté qu'à ne pas être soumis à celle d'autrui.

Jean-Jacques Rousseau,
Du contrat social.

La liberté est le droit de faire tout ce que les lois permettent.

Montesquieu,
L'esprit des lois.

L'homme est condamné à être libre.

Jean-Paul Sartre,
L'existentialisme est un humanisme.

Le domaine de la liberté commence là où s'arrête le travail déterminé par la nécessité.

Karl Marx,
Le Capital.

L'homme qui n'est sujet à aucune entrave est libre.

Épictète,
Manuel.

La liberté est la négation du principe de raison suffisante, qui veut que tout ce existe ait une raison.

Arthur Schopenhauer,
Le monde comme volonté et comme représentation.

La liberté naturelle de l'homme, consiste à ne reconnaître aucun pouvoir souverain sur la terre, et de n'être point assujetti à la volonté ou à l'autorité législative de qui que ce soit.

John Locke,
Essai sur le gouvernement civil.

Les peuples veulent l'égalité dans la liberté et, s'ils ne peuvent l'obtenir, ils la veulent encore dans l'esclavage.

Alexis de Tocqueville,
L'ancien régime et la révolution.

N'être pas né, rien que d'y songer, quel bonheur, quelle liberté, quel espace.

Emil Michel Cioran,
De l'inconvénient d'être né.

LA RAISON

La chose la plus rare est de joindre la raison avec l'enthousiasme ; la raison consiste à voir toujours les choses comme elles sont. Celui qui dans l'ivresse, voit les objets doubles, est alors privé de la raison. L'enthousiasme est précisément comme le vin ; il peut exciter tant de tumulte dans les vaisseaux sanguins, et de si violentes vibrations dans les nerfs, que la raison en est tout-à-fait détruite.

Voltaire,
Le dictionnaire philosophique.

Le chef-d'œuvre d'une bonne éducation est de faire un homme raisonnable : et l'on prétend élever un enfant par la raison ! C'est commencer par la fin, c'est vouloir faire l'instrument de l'ouvrage. Si les enfants entendaient raison, ils n'auraient pas besoin d'être élevés.

Jean-Jacques Rousseau,
Émile ou de l'éducation.

Le cœur a ses raisons que la raison ne connaît pas.

Blaise Pascal,
Pensées.

Que la raison te conduise jusque dans les moindres choses.

Pythagore,
Les vers d'or.

L'art de raisonner se réduit à une langue bien faite.

Étienne Bonnot de Condillac,
La logique ou l'art de penser.

Ainsi mon dessein n'est pas d'enseigner la méthode que chacun doit suivre pour bien conduire sa raison, mais de faire voir en quelle sorte j'ai tâché de conduire la mienne.

René Descartes,
Discours de la méthode.

La raison, gouvernant seule, est une force limitée ; et la passion, livrée à elle-même, est une flamme qui brûle jusqu'à sa propre extinction. Que votre âme élève donc votre raison à la hauteur de la passion, en sorte qu'elle puisse chanter ; et qu'elle laisse votre raison guider la passion afin que votre passion puisse vivre chaque jour à sa résurrection et, comme le phénix, renaître de ses propres cendres.

Gibran Khalil Gibran,
Le prophète.

La raison pure est pratique par elle seule et donne à l'homme une loi universelle que nous nommons la loi morale.

Emmanuel Kant,
Fondements de la métaphysique des mœurs.

Il n'y a qu'une seule et même raison pour tous les hommes ; ils ne deviennent étrangers et impénétrables les uns aux autres que lorsqu'ils s'en écartent.

Simone Weil,
Oppression et liberté.

La raison est, et elle ne peut qu'être, l'esclave des passions ; elle ne peut prétendre à d'autre rôle qu'à les servir et à leur obéir.

David Hume,
Traité de la nature humaine.

Tout nous prouve que de jour en jour nos mœurs s'adoucissent, les esprits s'éclairent, la raison gagne du terrain.

Baron d'Holbach,
Le système social.

La raison a régné et règne dans le monde, et donc aussi dans l'histoire mondiale.

Georg Wilhelm Friedrich Hegel,
Introduction à la Philosophie de l'Histoire.

Avec aussi peu de raison qu'en ont les hommes, il leur faut autant de préjugés qu'ils sont accoutumés d'en avoir. Les préjugés sont le supplément de la raison. Tout ce qui manque d'un côté, on le retrouve de l'autre.

Bernard Fontenelle,
Les pensées et réflexions.

Si la raison est un don du ciel et que l'on en puisse dire autant de la foi, le ciel nous a fait deux présents incompatibles et contradictoires.

Denis Diderot,
Addition aux pensées philosophiques.

Les hommes sont conduits plutôt par le désir aveugle que par la raison.

Baruch Spinoza,
Traité théologico-politique.

LA MORT

Qu'est-ce que la mort ? Le lendemain des grandeurs, des richesses, des plaisirs. On se couche dans les pompes et dans les voluptés, on se réveille dans le sépulcre, sous un froid linceul, entre l'oubli de la terre et l'éternité de l'enfer ou du ciel.

Félicité Robert de Lamennais,
Les pensées diverses.

Venez, sommeil et mort ; vous ne promettez rien, vous tenez tout.

Søren Kierkegaard,
Œuvres complètes.

Si la mort n'avait que des côtés négatifs, mourir serait un acte impraticable.

Emil Michel Cioran,
De l'inconvénient d'être né.

Ainsi dans la mort, le monde n'est pas changé, il cesse.

Ludwig Wittgenstein,
Tractatus logico-philosophicus.

Nous troublons la vie par le souci de la mort. Je ne vis jamais un paysan de mes voisins réfléchir pour savoir dans quelle attitude et avec quelle assurance il passerait cette heure dernière. La Nature lui apprend à ne songer à la mort que lorsqu'il est en train de mourir.

Michel de Montaigne,
Les Essais.

Prends l'habitude de penser que la mort n'est rien pour nous. Car tout bien et tout mal résident dans la sensation : or la mort est privation de toute sensibilité.

Par conséquent, la connaissance de cette vérité que la mort n'est rien pour nous, nous rend capables de jouir de cette vie mortelle, non pas en y ajoutant la perspective d'une durée infinie, mais en nous enlevant le désir de l'immortalité.

Car il ne reste plus rien à redouter dans la vie, pour qui a vraiment compris que hors de la vie il n'y a rien de redoutable.

On prononce donc de vaines paroles quand on soutient que la mort est à craindre non pas parce qu'elle sera douloureuse étant réalisée, mais parce qu'à est douloureux de l'attendre.

Ce serait en effet une crainte vaine et sans objet que celle qui serait produite par l'attente d'une chose qui ne cause aucun trouble par sa présence.

Ainsi celui de tous les maux qui nous donne le plus d'horreur, la mort, n'est rien pour nous, puisque, tant que nous existons nous-mêmes, la mort n'est pas, et que, quand la mort existe, nous ne sommes plus.

Donc la mort n'existe ni pour les vivants ni pour les morts, puisqu'elle n'a rien à faire avec les premiers, et que les seconds ne sont plus.

Épicure,
Lettre à Ménécée.

La mort, si nous voulons nommer ainsi cette irréalité, est la chose la plus redoutable [...]. Ce n'est pas cette vie qui recule d'horreur devant la mort et se préserve pure de la destruction, mais la vie qui porte la mort, et se maintient dans la mort même, qui est la vie de l'esprit.

Georg Wilhelm Friedrich Hegel,
Phénoménologie de l'esprit.

Cette fin que l'on désigne par la mort ne signifie pas, pour la réalité-humaine, être-à-ma-fin, être finie ; elle désigne un être pour la fin, qui est l'être de cet existant. La mort est une manière d'être que la réalité-humaine assume, dès qu'elle est : Dès qu'un humain vient à la vie, déjà il est assez vieux pour mourir.

Martin Heidegger,
Être et temps.

La mort n'est pas uniquement une action naturelle, mais c'est encore une œuvre utile à la Nature.

Marc Aurèle,
Pensées.

Voilà le miroir où la nature nous présente ce que l'avenir nous préserve après la mort. Y voit-on apparaître quelque image horrible, quelque sujet de deuil ? N'est-ce pas un état plus paisible que n'importe quel sommeil ?

Lucrèce,
De la Nature.

Le temps n'est pas la limitation de l'être mais sa relation avec l'infini. La mort n'est pas anéantissement mais question nécessaire pour que cette relation avec l'infini ou temps se produise.

Emmanuel Levinas,
Dieu, la mort et le temps.

La mort, c'est un attrape-nigaud pour les familles ; pour le défunt, tout continue.

Jean-Paul Sartre,
Le diable et le bon dieu.

La mort joue à cache-cache avec la conscience : où je suis, la mort n'est pas ; et quand la mort est là, c'est moi qui n'y suis plus. Tant que je suis, la mort est à venir ; et quand la mort advient, ici et maintenant, il n'y a plus personne. De deux choses l'une : Conscience, ou présence mortelle ! Mort et conscience, elles se chassent et s'excluent réciproquement, comme par l'effet d'un commutateur.

Vladimir Jankélévitch,
La mort.

Celui qui feint d'envisager la mort sans effroi ment. Tout homme craint de mourir, c'est la grande loi des êtres sensibles, sans laquelle toute espèce mortelle serait bientôt détruite.

Jean-Jacques Rousseau,
La nouvelle Héloïse.

Qui ne reculerait d'horreur et ne choisirait la mort, si on lui offrait le choix entre mourir et redevenir enfant.

Saint Augustin,
La cité de Dieu.

LE PLAISIR

L'homme est né pour le plaisir : il le sent, il n'en faut point d'autre preuve. Il suit donc sa raison en se donnant au plaisir. Mais bien souvent il sent la passion dans son cœur sans savoir par où elle a commencé.

Blaise Pascal,
Discours sur les passions de l'amour.

Les plaisirs de l'amour sont selon moi les vrais plaisirs de la vie corporelle.

Michel de Montaigne,
Essais.

Or quoique le plaisir ne puisse point recevoir une définition nominale, non plus que la lumière ou la couleur, il en peut pourtant recevoir une causale comme elles, et je crois que dans le fonds le plaisir est un sentiment de perfection et la douleur un sentiment d'imperfection, pourvu qu'il soit assez notable, pour faire qu'on s'en puisse apercevoir.

Gottfried Wilhelm Leibniz,
Essais sur l'entendement humain.

Le plaisir est toujours un bien, et la douleur toujours un mal ; mais il n'est pas toujours avantageux de jouir du plaisir, et il est quelquefois avantageux de souffrir la douleur.

Nicolas Malebranche,
De la recherche de la vérité.

Plaisir : sensation d'un accroissement de puissance.

Friedrich Nietzsche,
La volonté de puissance.

Et c'est pourquoi nous disons que le plaisir est le commencement et la fin de la vie heureuse. C'est lui en effet que nous avons reconnu comme bien principal et conforme à notre nature, c'est de lui que nous partons pour déterminer ce qu'il faut choisir et ce qu'il faut éviter, et c'est à lui que nous avons finalement recours lorsque nous nous servons de la sensation comme d'une règle pour apprécier tout bien qui s'offre. Or, précisément parce que le plaisir est notre bien principal et inné, nous ne cherchons pas tout plaisir ; il y a des cas où nous passons par-dessus beaucoup de plaisirs s'il en résulte pour nous de l'ennui.

Et nous jugeons beaucoup de douleurs préférables aux plaisirs, lorsque des souffrances que nous avons endurées pendant longtemps il résulte pour nous un plaisir plus élevé. Tout plaisir est ainsi, de par sa nature propre, un bien, mais tout plaisir ne doit pas être recherché ; pareillement, toute douleur est un mal, mais toute douleur ne doit pas être évitée à tout prix.

Épicure,
Lettre à Ménécée.

Elle ne cherchait pas le plaisir d'autrui. Elle s'enchantait égoïstement du plaisir de faire plaisir.

Simone de Beauvoir,
L'invitée.

Le plaisir est plus rapide que le bonheur et le bonheur que la félicité.

Voltaire,
Dictionnaire philosophique portatif.

Existe-t-il plaisir plus grand ou plus vif que l'amour physique ? Non, pas plus qu'il n'existe plaisir plus déraisonnable.

Platon,
Gorgias.

Les plaisirs de l'amour font oublier l'amour du plaisir.

Alain,
Propos sur le bonheur.

Le plaisir est le souverain bien par le fait que dès leur naissance, les êtres vivants recherchent le plaisir et fuient la douleur, par une inclinaison naturelle et sans raisonnement.

Diogène de Sinope,
Références de Diogène.

Puisque Dieu donne aux hommes la possibilité de vivre dans le plaisir, qu'est-ce qui justifie qu'on y renonce ? Quelle étrange perversion ? Sinon une singulière haine de soi, une pulsion de mort retournée contre sa propre personne.

Michel Onfray,
Contre-histoire de la philosophie.

Le plaisir d'avoir ne vaut pas la peine d'acquérir.

Jean-Jacques Rousseau,
Les confessions.

Pour l'homme, la tranquillité de l'âme provient de la modération dans le plaisir et de la mesure dans le genre de vie.

Démocrite,
Fragments.

L'objet du désir d'un humain n'est pas de jouir une fois seulement, et pendant un instant, mais de ménager pour toujours la voie de son désir futur.

Thomas Hobbes,
Léviathan.

LA FEMME

Par rapport à la nature particulière, la femme est quelque chose de défectueux et de manqué. Car la vertu active qui se trouve dans la semence du mâle vise à produire quelque chose qui lui soit semblable en perfection selon le sexe masculin. Mais si une femme est engendrée, cela résulte d'une faiblesse de la vertu active, ou de quelque mauvaise disposition de la matière, ou encore de quelque transmutation venue du dehors, par exemple des vents du sud qui sont humides, comme dit Aristote. Mais rattachée à la nature universelle, la femme n'est pas un être manqué : par l'intention de la nature, elle est ordonnée à l'œuvre de la génération. Or, l'intention de la nature universelle dépend de Dieu, qui est l'auteur universel de la nature, et c'est pourquoi, en instituant la nature, il produisit non seulement l'homme, mais aussi la femme.

Thomas d'Aquin,
Somme théologique.

Dans la vengeance, comme dans l'amour, la femme est plus barbare que l'homme.

Friedrich Nietzsche,
Par-delà le Bien et le Mal.

Les femmes ont la langue flexible, elles parlent plus tôt, plus aisément et plus agréablement que les hommes. On les accuse aussi de parler davantage : cela doit être, et je changerais volontiers ce reproche en éloge ; la bouche et les yeux ont chez elles la même activité, et par la même raison. L'homme dit ce qu'il sait, la femme dit ce qui plaît ; l'un pour parler a besoin de connaissance, et l'autre de goût ; l'un doit avoir pour objet principal les choses utiles, l'autre les agréables. Leurs discours ne doivent avoir de formes communes que celles de la vérité.

Jean-Jacques Rousseau,
Œuvres complètes.

Les femmes se forgent à elles-mêmes les chaînes dont l'homme ne souhaite pas les charger.

Simone de Beauvoir,
Le Deuxième sexe.

La femme est un animal à cheveux longs et à idées courtes.

Arthur Schopenhauer,
Aphorismes et insultes.

Quand on veut écrire sur les femmes, il faut tremper sa plume dans l'arc-en-ciel et secouer sur sa ligne la poussière des ailes du papillon.

Denis Diderot,
Sur les Femmes.

Une mauvaise femme me rendrait un démon, un Barbe-bleue et un misanthrope féroce.

Henri-Frédéric Amiel,
Journal intime.

C'est une chose terrible qu'avec les femmes il n'y ait jamais moyen de placer un mot.

Georg Wilhelm Friedrich Hegel,
La philosophie de l'histoire.

Là où le sexe est mis en relief, il est naturel que la femme, sa dispensatrice et son objet, prenne le pas, et c'est ce que l'on constate, à bien des égards, aujourd'hui : à cette sorte de « démonie », d'intoxication sexuelle chronique qui est le propre de l'époque actuelle et se manifeste de mille façons dans la vie publique et dans les mœurs, répond une gynocratie virtuelle, une tendance, sexuellement orientée, à la prééminence de la femme, prééminence qui, à son tour, est en relation directe avec l'involution matérialiste et utilitaire du sexe masculin ; il en résulte que le phénomène est surtout manifeste dans les pays où, comme aux États-Unis, cette involution est particulièrement poussée, grâce au « progrès ».

Julius Evola,
Chevaucher le tigre.

Dans la famille, l'homme est le bourgeois ; la femme joue le rôle du prolétariat.

Karl Marx,
L'origine de la famille, de la propriété privée et de l'État.

Le cœur de la femme est aussi instable qu'une goutte d'eau sur une fleur de lotus.

Confucius,
Sentences.

La femme est le rayon de la lumière divine.

Djalâl ad-Dîn Rûmî,
La quête de l'Absolu.

L'ART

En effet, d'une part, le principe de toute production réside dans l'artiste : c'est ou l'esprit, ou l'art, ou une capacité quelconque.

Aristote,
Métaphysique, Livre VI.

L'art se distingue de la nature comme faire d'agir ou effectuer en général et le produit ou la conséquence du premier, l'ouvrage se distingue de même des effets de la seconde. L'art, habileté de l'homme, se distingue aussi de la science.

Emmanuel Kant,
Critique du Jugement.

L'art est contemplation des choses, indépendante du principe de raison.

Arthur Schopenhauer,
Le monde comme volonté et représentation.

L'essentiel dans l'art, c'est qu'il parachève l'existence, c'est qu'il est générateur de perfection et de plénitude. L'art est par essence affirmation, bénédiction, divinisation de l'existence.

Friedrich Nietzsche,
La Volonté de Puissance.

L'essence de l'art, c'est la vérité se mettant elle-même en œuvre.

Martin Heidegger,
Chemins qui ne mènent nulle part.

L'art a pour destination de saisir et de représenter le réel comme vrai, c'est-à-dire dans sa conformité avec l'idée, conforme elle-même à sa véritable nature ou parvenue à l'existence réfléchie.

Georg Wilhelm Friedrich Hegel,
Cours d'esthétique.

Tous les arts sont comme des miroirs où l'homme connaît et reconnaît quelque chose de lui-même qu'il ignorait.

Alain,
Vingt leçons sur les beaux-arts.

Il y a un art de savoir et un art d'enseigner.

Cicéron,
De legibus.

Avoir l'esprit clair : la plus haute vertu. Et l'art de vivre : dire vrai et faire d'après nature, en connaisseur.

Héraclite d'Éphèse,
Attribuée.

Tout art est une imitation de la nature.

Sénèque,
Lettres à Lucilius.

Une œuvre d'art devrait toujours nous apprendre que nous n'avions pas vu ce que nous voyons.

Paul Valéry,
Mauvaises pensées et autres.

S'introduire comme un rêve dans l'esprit d'une jeune fille est un art, en sortir est un chef-d'œuvre.

Søren Kierkegaard,
Le Journal du séducteur.

La nature des choses se livre davantage
à travers les tourments de l'art que
dans sa liberté propre.

> **Francis Bacon,**
> *Instauratio Magna.*

Il est là, fort ou faible dans la vie, mais souverain sans conteste dans sa rumination du monde, sans autre « technique » que celle que ses yeux et ses mains se donnent à force de voir, à force de peindre, acharné à tirer de ce monde où sonnent les scandales et les gloires de l'histoire des toiles qui n'ajouteront guère aux colères ni aux espoirs des hommes, et personne ne murmure. Quelle est donc cette science secrète qu'il a ou qu'il cherche ? Cette dimension selon laquelle Van Gogh veut aller « plus loin » ? Ce fondamental de la peinture, et peut-être de toute la culture ?

> **Maurice Merleau-Ponty,**
> *L'Œil et l'Esprit.*

L'HOMME

L'homme est au fond une bête sauvage, une bête féroce. Nous ne le connaissons que dompté, apprivoisé en cet état qui s'appelle civilisation : aussi reculons d'effroi devant les explosions accidentelles de sa nature. Que les verrous et les chaînes de l'ordre légal tombent n'importe comment, que l'anarchie éclate, c'est alors qu'on voit ce qu'est l'homme.

Arthur Schopenhauer,
Aphorismes et insultes.

L'homme est un être raisonnable parce que son existence est déraisonnable.

Hans Blumenberg,
Description de l'homme.

L'homme n'est qu'un roseau, le plus faible de la nature ; mais c'est un roseau pensant. Il ne faut pas que l'univers entier s'arme pour l'écraser : une vapeur, une goutte d'eau suffit pour le tuer. Mais, quand l'univers l'écraserait, l'homme serait encore plus noble que ce qui le tue, parce qu'il sait qu'il meurt, et l'avantage que l'univers a sur lui ; l'univers n'en sait rien.

Blaise Pascal,
Pensées.

Les hommes sont faits les uns pour les autres ; il faut donc ou les instruire, ou les supporter.

Marc Aurèle,
Pensées à moi-même.

L'homme est condamné à être libre.

Jean-Paul Sartre,
L'Être et le Néant.

L'homme n'est pas un empire dans un empire.

Baruch Spinoza,
Éthique.

L'homme ne valait pas la peine de déranger un Dieu pour le créer.

Paul Valéry,
Mélange.

L'homme est une lampe que le Temps allume, et qu'un souffle peut éteindre à tout moment.

Sénèque,
Les fragments.

L'homme, ce roi du monde, et roi très fainéant, se contemple à l'aise admirant son néant.

Voltaire,
De la nature de l'homme.

L'homme est une créature qui obéit à une créature qui veut.

Montesquieu,
De l'esprit des lois.

Une chose en tout cas est certaine : c'est que l'homme n'est pas le plus vieux problème ni le plus constant qui se soit posé au savoir humain.

Michel Foucault,
Les Mots et les Choses.

Presque tous les hommes, frappés par l'attrait d'un faux bien ou d'une vaine gloire, se laissent séduire, volontairement ou par ignorance, à l'éclat trompeur de ceux qui méritent le mépris plutôt que la louange.

Nicolas Machiavel,
Discours sur Tite-Live.

L'esprit de l'homme est ainsi fait que le mensonge a cent fois plus de prise sur lui que la vérité.

Érasme,
L'Éloge de la folie.

En tout homme résident deux êtres : l'un éveillé dans les ténèbres, l'autre assoupi dans la lumière.

Gibran Khalil Gibran,
Le sable et l'écume.

L'homme est emprisonné par sa conscience.

Ralph Waldo Emerson,
Self-Reliance.

C'est un homme sage celui qui ne regrette pas ce qu'il n'a pas mais se réjouit de ce qu'il possède.

Épictète,
Manuel.

LA RELIGION

La religion est le soupir de la créature accablée, l'âme d'un monde sans cœur, de même qu'elle est l'esprit d'un état de choses où il n'est point d'esprit. Elle est l'opium du peuple.

> **Karl Marx,** *Pour une critique de la philosophie du droit de Hegel.*

Toute religion n'est qu'un système imaginé pour concilier des contradictions à l'aide des mystères.

> **Baron d'Holbach,**
> *Le bon sens.*

Nous avons assez de religion pour haïr et persécuter, et nous n'en avons pas assez pour aimer et secourir.

Voltaire,
Traité sur la tolérance.

Toutes les religions sont cruelles, toutes sont fondées sur le sang, car toutes reposent principalement sur l'idée du sacrifice, c'est-à-dire sur l'immolation perpétuelle de l'humanité à l'inextinguible vengeance de la Divinité.

Mikhaïl Bakounine,
Dieu et l'État.

Il peut bien se faire qu'aucune d'elles (les religions) ne soit vraie, mais il est impossible en tout cas que plus d'une le soit.

Lucrèce,
De la nature.

La religion est une affection subjective et c'est pourquoi elle tient, objectivement aussi l'affection pour divine.

Ludwig Feuerbach,
Manifestes philosophiques.

Religion : une affaire du dimanche.

Georg Christoph Lichtenberg,
Le miroir de l'âme.

La religion est le sens et le goût de l'infini.

Friedrich Schleiermacher,
Discours sur la religion.

Dans la religion, tout est vrai, excepté le sermon : tout est bon, excepté le prêtre.

Alain,
Les propos d'un Normand.

La religion sans la conscience morale n'est qu'un culte superstitieux.

Emmanuel Kant,
Réflexions sur l'éducation.

Une religion qui peut tolérer les autres ne songe guère à sa propagation.

Montesquieu,
De l'esprit des lois.

La religion fait partie de la culture, non comme dogme, ni même comme croyance, comme cri.

Maurice Merleau-Ponty,
Sens et non-sens.

La religion constitue, pour l'âme un consensus normal exactement comparable à celui de la santé envers le corps.

Auguste Comte,
Système de politique positive.

Toute religion n'est que le reflet fantastique, dans le cerveau des hommes, des puissances extérieures qui dominent leur existence quotidienne.

Friedrich Engels,
Anti-dühring.

Plus les hommes s'éloignent de Dieu, plus ils avancent dans la connaissance des religions.

Emil Michel Cioran,
De l'inconvénient d'être né.

LA CONNAISSANCE

La connaissance est en elle-même puissance.

Francis Bacon,
Méditations religieuses.

Un trop grand désir de connaissance est une faute ; et une seule faute peut engendrer tous les vices.

Gotthold Éphraïm Lessing,
Faust.

Toute connaissance dégénère en probabilité.

David Hume,
Traité de la nature humaine.

Une connaissance générale est presque fatalement une connaissance vague.

Gaston Bachelard,
La Formation de l'esprit scientifique, 1938.

Toute science est une connaissance certaine et évidente.

René Descartes,
Règles pour la direction de l'esprit.

La connaissance est pour l'humanité un magnifique moyen de s'anéantir elle-même.

Friedrich Nietzsche,
Œuvres posthumes.

La connaissance progresse en intégrant en elle l'incertitude, non en l'exorcisant.

Edgar Morin,
La méthode.

Ceux dont la connaissance est innée sont des hommes tout à fait supérieurs. Puis viennent ceux qui acquièrent cette connaissance par l'étude. Enfin, ceux qui, même dans la détresse, n'étudient pas : c'est le peuple.

Confucius,
Entretiens du Maître avec ses disciples.

La connaissance est à la fois un désir et la découverte de ce qu'on a cherché.

Plotin,
Ennéades.

L'homme n'a pas pour but le plaisir, mais la connaissance.

Swami Vivekananda,
Karma-Yoga.

La connaissance de l'homme ne peut pas s'étendre au-delà de son expérience propre.

John Locke,
Essai sur l'entendement humain.

Ce que je sais, c'est que je ne sais rien.

Socrate,
Apologie de Socrate.

Nous ne voyons, nous ne sentons, et nous ne connaissons certainement rien en nous qui ne soit matière. Ôtez nos yeux ! Que verrons-nous ? Rien. Ôtez nos oreilles ! Qu'entendrons-nous ? Rien. Ôtez nos mains ! que toucherons-nous ? Rien, si ce n'est fort improprement par les autres parties du corps. Ôtez notre tête et notre cerveau ! Que penserons-nous, que connaîtrons-nous ? Rien.

Jean Meslier,
Mémoire des pensées et sentiments.

LA VÉRITÉ

Il n'est rien de plus difficile à dire aux hommes que la vérité.

Voltaire,
Lettre à M. Damilaville.

Il y a très peu d'amoureux de la vérité pour la vérité, même parmi ceux qui croit l'être.

John Locke,
Essai sur l'entendement humain.

L'objet de la science est de connaître la vérité ; son occupation, de la chercher ; son caractère, de l'aimer ; les moyens de l'acquérir sont de renoncer aux passions, de fuir la dissipation et l'oisiveté.

Jean-Jacques Rousseau,
Esprit, maximes et principes.

C'est à partir du domaine du perceptible que quelques-uns en sont venus à affirmer que ce qui apparaît est vérité.

Aristote,
Métaphysique.

Lorsque l'erreur porte les livrées de la vérité, elle est souvent plus respectée que la vérité même.

Nicolas de Malebranche,
De la recherche de la vérité.

Qui a une idée vraie sait en même temps qu'il a une idée vraie et ne peut douter de la vérité de la chose.

Baruch Spinoza,
Éthique.

La vérité est si obscurcie en ces temps et le mensonge si établi, qu'à moins d'aimer la vérité, on ne saurait la reconnaître.

Blaise Pascal,
Pensées.

Les avantages du mensonge sont d'un moment, et ceux de la vérité sont éternels ; mais les suites fâcheuses de la vérité, quand elle en a, passent vite, et celles du mensonge ne finissent qu'avec lui.

Denis Diderot,
Le rêve d'Alembert.

La philosophie n'est pas la recherche du bonheur qui serait possession de la Vérité, car posséder la Vérité est impossible.

Marcel Conche,
Réponses à André Comte-Sponville.

C'est au moment du malheur qu'on s'habitue à la vérité, c'est-à-dire au silence.

Albert Camus,
La peste.

La vérité est si obscurcie en ce temps et le mensonge si établi, qu'à moins d'aimer la vérité, on ne saurait la reconnaître.

Blaise Pascal,
Pensées.

L'illusion est la première apparence de la vérité.

> **Rabindranàth Tagore,**
> *Chitra.*

La vérité a besoin de mensonge car comment la définir sans contraste ?

> **Paul Valéry,**
> *Mélange.*

Plus abstraite est la vérité que tu veux enseigner, plus tu dois en sa faveur séduire les sens.

> **Friedrich Nietzsche,**
> *Par-delà le Bien et le Mal.*

La vérité est la chasteté de l'âme.

> **Saint Augustin,**
> *Contra mendacium.*

LA VIE

L'essentiel n'est pas de vivre, mais de bien vivre.

Platon,
Apologie de Socrate.

La vie n'est qu'une variété de la mort, et une variété très rare.

Friedrich Nietzsche,
Le gai savoir.

Le seul moyen efficace de supporter la vie, c'est d'oublier la vie.

Hippolyte Taine,
Voyage en Italie.

La vie n'est jamais belle ; seules les images de la vie sont belles.

Arthur Schopenhauer,
Aphorismes et insultes.

Combien généreuse est la vie pour l'homme, mais combien l'homme se tient éloigné de la vie !

Gibran Khalil Gibran,
Le sable et l'écume.

La vie sans poésie et la vie sans infini, c'est comme un paysage sans ciel : on y étouffe.

Henri-Frédéric Amiel,
Journal intime.

La plus grande partie de la vie passe à mal faire, une grande partie à ne rien faire, toute la vie à ne pas penser à ce que l'on fait.

Sénèque,
Lettres à Lucilius.

Qu'une vie est heureuse quand elle commence par l'amour et finit par l'ambition. Si j'avais à en choisir une, je prendrai celle-ci.

Blaise Pascal,
Discours sur les passions de l'amour.

La mort n'est jamais ce qui donne son sens à la vie, c'est au contraire ce qui lui ôte toute signification.

Jean-Paul Sartre,
L'Être et le Néant.

Je crois qu'on ne peut mieux vivre qu'en cherchant à devenir meilleur, ni plus agréablement qu'en ayant la pleine conscience de son amélioration

Socrate,
Xénophon.

Il y a si loin de la manière dont on vit de celle dont on devrait vivre, que celui qui tient pour réel et pour vrai ce qui devrait l'être sans doute, mais qui malheureusement ne l'est pas, court à une ruine inévitable.

Nicolas Machiavel,
Prince.

L'homme qui a le plus vécu n'est pas celui qui a compté le plus d'années, mais celui qui a le plus senti la vie.

Jean-Jacques Rousseau,
Émile ou de l'éducation.

À chaque fois qu'il levait un bras, il lançait sur la mer immense des gouttes d'argent en volées, figurant, devant le ciel muet et vivant, les semailles splendides d'une moisson de bonheur.

Albert Camus,
La Mort heureuse.

La vie, qui a en partage la tempérance, le courage, la sagesse, ou la santé, est plus agréable que celle où se trouvent l'intempérance, la lâcheté, la folie ou la maladie.

Platon,
Les lois.

LE DEVOIR

Un peuple est perdu lorsqu'il confond son devoir avec l'idée du devoir en général.

Friedrich Nietzsche,
L'Antéchrist.

Dans le système de la liberté naturelle, le souverain n'a que trois devoirs à remplir ; trois devoirs d'une haute importance, mais clairs, simples et à la portée d'une intelligence ordinaire. Le premier, c'est le devoir de défendre la société de tout acte de violence ou d'invasion de la part des autres sociétés indépendantes. Le deuxième, c'est le devoir de protéger autant qu'il est possible chaque membre de la société contre l'injustice ou l'oppression de tout autre membre, ou bien le devoir d'établir une administration exacte de la justice. Et le troisième, c'est le devoir d'ériger et d'entretenir certains ouvrages publics et certaines institutions que l'intérêt privé d'un particulier ou de quelques particuliers ne pourrait jamais les porter à ériger ou à entretenir, parce que jamais le profit n'en rembourserait la dépense à un particulier ou à quelques particuliers, quoiqu'à l'égard d'une grande société ce profit fasse beaucoup plus que rembourser les dépenses.

Adam Smith,
Essai sur la Richesse.

Nul ne possède d'autre droit que celui de toujours faire son devoir.

Auguste Comte,
Système de politique positive.

Agis uniquement d'après la maxime qui fait que tu peux vouloir en même temps qu'elle devienne une loi universelle.

Emmanuel Kant,
Fondements de la Métaphysique des mœurs.

Il n'y a jamais d'autre difficulté dans le devoir que de le faire.

Alain,
Les définitions.

Hommes, soyez humains, c'est votre premier devoir ; soyez-le pour tous les états, pour tous les âges, pour tout ce qui n'est pas étranger à l'homme. Quelle sagesse y a-t-il pour vous hors de l'humanité ?

Jean-Jacques Rousseau,
Émile, ou De l'éducation.

Qui n'a pas de devoir n'a aucun droit.

Henri-Frédéric Amiel,
Journal intime.

Quiconque est plus attaché à sa vie qu'à son devoir ne saurait être solidement vertueux.

Jean-Jacques Rousseau,
Julie, ou La nouvelle Héloïse.

La vie oscille, tel un pendule, de l'ennui à la souffrance.

Arthur Schopenhauer,
Le Monde comme volonté et comme représentation.

Nos devoirs ce sont les droits que les autres ont sur nous.

Friedrich Nietzsche,
Aurore.

Le devoir n'est pas une besogne, il est une obligation.

Vladimir Jankélévitch,
Le paradoxe de la morale.

LE LANGAGE

Le langage est-il l'expression adéquate de toutes les réalités ?

Friedrich Nietzsche,
Le livre du philosophe.

Les limites de mon langage signifient les limites de mon propre monde.

Ludwig Wittgenstein,
Tractatus logico-philosophicus.

Nous tendons instinctivement à solidifier nos impressions, pour les exprimer par le langage.

Henri Bergson,
Essai sur les données immédiates de la conscience.

Les langages, à mon gré, sont comme les gouvernements : les plus parfaits sont ceux où il y a le moins d'arbitraire.

Voltaire,
Les pensées philosophiques.

Que la corruption du langage vient de celle des mœurs.

Sénèque,
Les lettres à Lucilius.

Si le métèque n'est pas créateur en matière de langage, c'est parce qu'il veut faire aussi bien que les indigènes qu'il y arrive ou non, cette ambition est sa perte.

Emil Michel Cioran,
De l'inconvénient d'être né.

Les définitions sont les règles de la traduction d'une langue en une autre. Tout langage de signe correct doit pouvoir se traduire dans tout autre langage de ce genre selon pareilles règles : c'est cela même qui est commun à tous ces langages.

Ludwig Wittgenstein,
Tractatus logico-philosophicus.

Le langage le plus énergique est celui où le signe a tout dit avant qu'on parle. Ainsi l'on parle aux yeux bien mieux qu'aux oreilles.

Jean-Jacques Rousseau,
Essai sur l'origine des langues.

Les héros ont notre langage, nos faiblesses, nos forces. Leur univers n'est ni plus beau ni plus édifiant que le nôtre. Mais eux, du moins, courent jusqu'au bout de leur destin et il n'est même jamais de si bouleversants héros que ceux qui vont jusqu'à l'extrémité de leur passion.

Albert Camus,
L'homme révolté.

Partout où la morale des esclaves arrive à dominer, le langage montre une tendance à rapprocher les mots bon et bête.

Friedrich Nietzsche,
Par-delà le bien et le mal.

Bien souvent, c'est par le langage que l'autre s'altère ; il dit un mot différent, et j'entends bruire d'une façon menaçante tout un autre monde, qui est le monde de l'autre.

Roland Barthes,
Fragments d'un discours amoureux.

En amour un silence vaut mieux qu'un langage. Il est bon d'être interdit ; il y a une éloquence de silence qui pénètre plus que la langue ne saurait faire.

Blaise Pascal,
Discours sur les passions de l'amour.

Dans un univers de paix et d'amour, la musique serait le langage universel.

Henry David Thoreau,
La Moëlle de la vie.

Si le langage était parfait, l'homme cesserait de penser. L'algèbre dispense du raisonnement arithmétique.

Paul Valéry,
Cahiers.

J'ai compris que tout le malheur des hommes venait de ce qu'ils ne tenaient pas un langage clair.

Albert Camus,
La peste.

Les poètes sont des hommes qui refusent d'utiliser le langage. Qu'est-ce que la littérature ?

Jean-Paul Sartre,
Qu'est-ce que la littérature ?

LE TRAVAIL

Il n'est pas de punition plus terrible que le travail inutile et sans espoir.

Albert Camus,
Le mythe de Sisyphe.

Le travail a des exigences que l'on ne comprend jamais assez.

Alain,
Les propos sur l'éducation.

La tempérance et le travail sont les meilleurs médecins de l'homme.

Jean-Jacques Rousseau,
Émile, ou de l'éducation.

Le royaume de la liberté commence seulement là où l'on cesse de travailler par nécessité.

Karl Marx,
Le Capital.

Le travail, au contraire, est désir réfréné, disparition retardée : le travail forme. Le rapport négatif à l'objet devient forme de cet objet même, il devient quelque chose de permanent, puisque justement, à l'égard du travailleur, l'objet a une indépendance.

Georg Wilhelm Friedrich Hegel,
La phénoménologie de l'Esprit.

Aussi longtemps que nous nous représentons la technique comme un instrument, nous restons pris dans la volonté de la maîtriser.

Martin Heidegger,
La question de la technique.

Tout travail suivi fait paraître une aptitude.

Alain,
Les éléments de philosophie.

Du moment où le travail commence à être reparti, chacun entre dans un cercle d'activités déterminé et exclusif, qui lui est imposé et donc il ne peut s'évader ; il est chasseur, pêcheur, berger ou « critique », et il doit le reste sous peine de perdre les moyens qui lui permettent de vivre. Dans la société communiste, c'est le contraire : personne n'est enfermé dans un cercle exclusif d'activités et chacun peut se former dans n'importe quelle branche de son choix ; c'est la société qui règle la production générale et qui me permet ainsi de faire aujourd'hui telle chose, demain telle autre, de chasser le matin, de pêcher l'après-midi, de m'occuper d'élevage le soir et de m'adonner à la critique après le repas, selon que j'en ai envie, sans jamais devenir chasseur, pêcheur, berger ou critique.

Karl Marx et Friedrich Engels,
L'idéologie allemande.

Le travail est désir réfréné, disparition retardée : le travail forme.

Georg Wilhelm Friedrich Hegel,
La philosophie de l'histoire.

La voie du bonheur et de la prospérité passe par une diminution méthodique du travail.

Bertrand Russell,
Éloge de l'oisiveté.

Le travail a quelque chose de semblable à la mort. C'est une soumission à la matière.

Simone Weil,
La connaissance surnaturelle.

L'homme « sain » n'est pas tant celui qui a éliminé de lui-même les contradictions : c'est celui qui les utilise et les entraîne dans son travail.

> **Maurice Merleau-Ponty,**
> *Signes.*

Il n'y a qu'un travail autonome qui puisse assurer à la femme une authentique autonomie.

> **Simone de Beauvoir,**
> *Le Deuxième sexe.*

Le travail éloigne de nous trois grands maux : l'ennui, le vice et le besoin.

> **Voltaire,**
> *Candide.*

Le travail des ouvriers a créé une valeur, or cette valeur est leur propriété. Mais ils ne l'ont ni vendue ni échangée et vous, capitaliste, vous ne l'avez point acquise.

Pierre-Joseph Proudhon,
Qu'est-ce que la propriété ?

Le propre du travail, c'est d'être forcé.

Alain,
Arts et les Dieux.

Toute connaissance est vaine, s'il n'y a pas travail. Et tout travail est vide, s'il n'y a pas amour. Et lorsque vous travaillez avec amour, vous liez vous-même à vous-même, et aux uns et aux autres. Le travail est l'amour rendu visible.

Gibran Khalil Gibran,
Le prophète.

L'ÉTAT

Beaucoup trop d'hommes viennent au monde : l'État a été inventé pour ceux qui sont superflus.

Friedrich Nietzsche,
Ainsi parlait Zarathoustra.

L'État, selon mes idées, est une société d'hommes instituée dans la seule vue de l'établissement, de la conservation et de l'avancement de leurs intérêts civils.

John Locke,
La lettre sur la tolérance.

L'exemption de l'impôt est l'exemption d'être utile à l'État.

Joseph Michel Antoine Servan,
Extrait d'un portefeuille.

L'État s'établit davantage tous les jours, à côté, autour, au-dessus de chaque individu pour l'assister, le conseiller et le contraindre.

Alexis de Tocqueville,
De la démocratie en Amérique.

C'est le bien général, et non l'intérêt particulier, qui fait la puissance d'un État ; et, sans contredit, on n'a vraiment en vue le bien public que dans les républiques.

Nicolas Machiavel,
Discours sur la 1ère Décade de Tite-Live.

Il faut changer de maximes d'État tous les vingt ans, parce que le monde change.

Montesquieu,
Pensées.

L'État a toujours été le patrimoine d'une classe privilégiée quelconque : classe sacerdotale, nobiliaire, bourgeoise ; classe bureaucratique à la fin, lorsque, toutes les autres classes s'étant épuisées, l'État tombe ou s'élève, comme on voudra, à la condition de machine.

Mikhaïl Bakounine,
Lettres sur le patriotisme.

Le fondement de tout véritable État, c'est la transcendance de son principe, c'est-à-dire du principe de la souveraineté, de l'autorité et de la légitimité.

Julius Evola,
Les Hommes au milieu des ruines.

La valeur d'un État, à la longue, c'est la valeur des individus qui le composent ; [...] un État qui rapetisse les hommes pour en faire des instruments dociles entre ses mains, même en vue de bienfaits, un tel État s'apercevra qu'avec de petits hommes; rien de grand ne saurait s'accomplir, et que la perfection de la machine à laquelle il a tout sacrifié n'aboutit finalement à rien, faute de cette puissance vitale qu'il lui a plu de proscrire pour faciliter le jeu de la machine.

John Stuart Mill,
De la Liberté.

L'État n'est pas la patrie, c'est l'abstraction, la fiction métaphysique, mystique, politique, juridique de la patrie. Les masses populaires de tous les pays aiment profondément leur patrie ; mais c'est un amour réel, naturel. Pas une idée : un fait... Et c'est pour cela que je me sens franchement et toujours la patriote de toutes les patries opprimées.

Mikhaïl Bakounine,
Circulaire à mes amis d'Italie.

Si un État est gouverné par la raison, la pauvreté et la misère sont honteuses et si ce n'est pas la raison qui gouverne, les richesses et les honneurs sont honteux.

Confucius,
Livre des sentences.

La formation démocratique de l'opinion peut engager quiconque à un niveau d'intégration qui excède celui de l'État-nation.

Jürgen Habermas,
Le Monde de l'éducation.

L'État ne poursuit jamais qu'un but : limiter, enchaîner, assujettir l'individu, le subordonner à une généralité quelconque.

Max Stirner,
L'unique et sa propriété.

L'État n'est rien d'autre qu'une association d'individus qui sont d'accord entre eux pour se faire appeler l'État. Ils se sont fixés pour objectif d'exercer le monopole légal de la violence et de l'extorsion de fonds.

Murray Rothbard,
L'anatomie de l'État.

Aussi longtemps que les hommes vivent sans un pouvoir commun qui les tient en respect, ils sont dans cette condition qui se nomme guerre, la guerre de chacun contre chacun.

Thomas Hobbes,
Léviathan.

LA BONTÉ

La bonté est la plus noble faculté de l'âme humaine et la plus grande des vertus.

Francis Bacon,
Les essais.

Surmonte le mal par le bien, et la malignité par la bonté.

Henri-Frédéric Amiel,
Les fragments d'un journal intime.

La bonté du cœur influe toujours sur celle de l'esprit.

Simon de Bignicourt,
Les pensées et réflexions philosophiques.

La bonté est le chemin le plus court vers la bonne réputation.

Héraclite d'Éphèse,
Les fragments originaux.

La bonté est le germe de toute grandeur morale.

François-Rodolphe Weiss,
Les principes philosophiques et moraux.

La bonté est la lumière du cœur et de l'esprit, elle s'éteint dans la sottise, comme dans un air privé d'oxygène.

Nicolas Massias,
Les pensées et réflexions morales.

Sans bonté, l'homme est un être inquiet, misérable, funeste à la terre et à lui-même.

Francis Bacon,
Les essais.

La vraie bonté est invincible, parce qu'elle ne se lasse jamais.

Sénèque,
Les bienfaits.

Il ne faut pas que la bonté se montre, mais il faut qu'elle se laisse voir.

Platon,
Les fragments.

La bonté ne peut fleurir que dans la liberté.

Jiddu Krishnamurti,
Apprendre est l'essence de la vie.

Un peu de bonté sied : après tout, on n'est pas des brutes !

Simone de Beauvoir,
L'existentialisme et la sagesse des nations.

La bonté est une vertu qui a souvent besoin des occasions pour s'accroître.

Simon de Bignicourt,
Les pensées et réflexions philosophiques.

La bonté est cette disposition aimante qui porte à contribuer au bonheur d'autrui, elle est le germe de toute grandeur morale.

François-Rodolphe Weiss,
Les principes philosophiques et moraux.

LE CORPS

Un corps débile affaiblit l'âme.

> **Jean-Jacques Rousseau,**
> *Émile ou de l'éducation.*

Homme sans femme, tête sans corps ;
femme sans homme, corps sans tête.

> **Jean-Paul Richter,**
> *Blumen, Frucht und Dornenstücke.*

Le corps est le tombeau de l'âme.

> **Platon,**
> *Cratyle.*

Que faut-il pour être heureux ? Un corps sain, une honnête aisance, un esprit éclairé.

Thalès de Milet,
Les sentences et adages et maximes.

Le corps c'est l'âme visible et le temple du Saint-Esprit.

Henri-Frédéric Amiel,
Journal intime.

La beauté du corps inspire l'amour, celle de l'âme commande l'estime.

Bernard Fontenelle,
Les pensées et réflexions.

Le corps, vrai chemin de la culture, il nous montre nos limites.

Albert Camus,
Les carnets I.

Tout corps animé est un laboratoire de chimie : Deus est philosophus per quem.

Voltaire,
Les pensées philosophiques.

Ne jamais oublier qu'un corps sain, sensible et calme rend le mental harmonieux, détendu, silencieux, de façon à libérer l'esprit.

Paule Salomon,
Corps vivant.

Si le corps se fortifie par des travaux modérés, c'est par de sages instructions que l'esprit se perfectionne.

Isocrate,
À Démonicos.

LE DÉSIR

Le désir et la crainte sont des verres grossissants, la nature en a fait les yeux de l'homme.

Charles Dollfus,
La nature humaine.

Le désir crée le désirable, et le projet pose la fin.

Simone de Beauvoir,
Pour une morale de l'ambiguïté.

Tout désir implique la prévoyance de ce qui peut le satisfaire.

Emmanuel Kant,
Anthropologie.

Tous les hommes sont des êtres de soupir et de désir, d'inquiétude et d'espérance.

Henri-Fréderic Amiel,
Journal intime.

Le désir s'exprime par la caresse comme la pensée par le langage.

Jean-Paul Sartre,
L'être et le néant.

Le désir est le grand ressort providentiel de l'activité ; tout désir est une illusion, mais les choses sont ainsi disposées qu'on ne voit l'inanité du désir qu'après qu'il est assouvi.

Ernest Renan,
Dialogues et fragments philosophiques.

L'intérêt peut être trompé, méconnu ou trahi, mais pas le désir.

Gilles Deleuze,
L'Anti-Œdipe.

Le désir est signe de guérison ou d'amélioration.

Friedrich Nietzsche,
Humain, trop humain.

Sans désir et sans amour, aucune œuvre d'art ne pourrait voir le jour, ils sont la sève de toute création.

Marie de Solemne,
Entre désir et renoncement.

LE TEMPS

Le Temps nous est donné pour l'employer à notre perfection, et à celle de nos semblables.

Jean-Baptiste-René Robinet,
Le dictionnaire universel des sciences morale.

Le temps, c'est bien plus le perdre d'en mal user que de n'en rien faire.

Jean-Jacques Rousseau,
Émile ou de l'éducation.

Le temps est un fleuve rapide, mais qui tarira.
Chargé de tous les êtres vivants, il les emporte pêle-mêle à travers des régions

inconnues, et les jette çà et là sur ses bords.

Félicité Robert de Lamennais,
Les pensées diverses.

Le temps est le père des miracles.

Joseph de Maistre,
Les pensées diverses.

Le temps est un ouvrier qui ne respecte rien, il se plaît au milieu des décombres.

Épicharme,
Les fragments.

Le temps n'est que l'espace entre nos souvenirs.

Henri-Frédéric Amiel,
Journal intime.

Le temps est le plus grand des innovateurs.

Francis Bacon,
Les essais.

LA CONSCIENCE

La conscience balance, la prudence déconseille, le cœur conseille.

Henri-Frédéric Amiel,
Les fragments d'un journal intime.

Toute conscience est mémoire, conservation et accumulation du passé dans le présent.

Henri Bergson,
L'énergie spirituelle.

Conscience ! conscience ! instinct divin ; immortelle et céleste voix ; guide assuré d'un être ignorant et borné, mais intelligent et libre ; juge infaillible du bien et du mal, qui rend l'homme semblable à Dieu ; c'est toi qui fais l'excellence de sa nature et la moralité de ses actions, sans toi je ne sens rien en moi qui m'élève au-dessus des bêtes, que le triste privilège de m'égarer d'erreurs en erreurs, à l'aide d'un entendement sans règle et d'une raison sans principe.

Jean-Jacques Rousseau,
Émile, ou De l'éducation.

Quand on veut dresser sa conscience,

elle vous embrasse, tout en vous mordant.

Friedrich Nietzsche,
Par-delà le bien et le mal.

Qui dispute avec sa conscience, elle le pince ; c'est son métier.

Joseph de Maistre,
Lettre à Madame de S***.

La mauvaise conscience est toujours sophistique et deux torts de suite commencent une série qui menace de devenir avalanche. Toute faute enfante des petits, car elle a la passion de se cacher dans le nombre, afin de faire taire la voix accusatrice du dedans.

Henri-Frédéric Amiel,
Journal intime, le 2 mai 1879.

La conscience est un juge et un punisseur inévitable.

Confucius,
Les entretiens.

LA RESPONSABILITÉ

Le goût de la responsabilité, l'audace de l'initiative n'est pas mon fait, parce que je doute toujours si l'être vaut mieux que le néant.

Henri-Frédéric Amiel,
Journal intime, le 18 novembre 1873.

Morale, solidarité, responsabilité ne peuvent être dictées in abstracto ; on ne peut pas les faire ingurgiter à des esprits comme on gave les oies par un entonnoir.

Edgar Morin,
Enseigner à vivre.

On peut être responsable sans être coupable.

Vladimir Jankélévitch,
Le Je-ne-sais-quoi et le presque rien.

Blâmer l'autre, c'est souvent le rendre responsable de notre amertume.

Jiddu Krishnamurti,
Face à soi-même.

Après un certain âge, tout homme est responsable de son visage.

Albert Camus,
Caligula.

L'homme a le droit de voir absolument clair dans la vie de sa femme, parce qu'il lui donne son nom et devient le gardien de sa pureté, dont le monde le rend responsable avant comme après le mariage.

Henri-Frédéric Amiel,
Journal intime, le 2 mai 1872.

Il est impensable de censurer qui que ce soit au nom de la responsabilité.

Élisabeth Badinter,
Lire.

Quand on prend du galon, on n'en saurait trop prendre.

Félicité Robert de Lamennais,
Esquisse d'une philosophie (1840).

La désobéissance civile est une forme de responsabilité et appelle à davantage de responsabilités.

André Glucksmann,
La Fêlure du monde.

C'est justement pour préserver ce qui est neuf et révolutionnaire dans chaque enfant que l'éducation doit être conservatrice, c'est-à-dire assurer "la continuité du monde".

Hannah Arendt,
Ma responsabilité.

LE HASARD

Le hasard peut être notre auxiliaire et notre bonne chance comme il peut être une entrave : l'occasion est un hasard qui nous fait des offres de services et nous apporte des chances inédites.

Vladimir Jankélévitch,
Le Je-ne-sais-quoi et le presque rien.

Défaire et faire mieux sont deux, et tout refaire est hasardeux.

Henri-Frédéric Amiel,
Grains de mil.

Ne prenez pas vos amis au hasard ; ne vous attachez qu'à des hommes dignes de votre amitié.

Cherchez des ministres zélés plutôt que des courtisans agréables.

Isocrate,
Les discours de morale.

Le hasard n'est pas toujours hostile, et la fortune aime, dit-on, les audacieux.

Henri-Frédéric Amiel,
Les fragments d'un journal intime (1821-1881).

C'est la volonté qui nous rend coupables, et non le hasard.

Sénèque,
Hippolyte.

Les hommes vivent au hasard, sans choix, sans réflexion.

Michel de Montaigne,
Les essais.

Tout ce qu'on sait sans réflexion ne peut réussir que par hasard.

Sénèque,
Les fragments.

Faire grande la part du hasard dans toutes les conjectures est fort sage, car une seule éventualité oubliée ruine tout un édifice de suppositions. Quelques circonstances fortuites de plus ou de moins, et notre destinée eût pu être toute autre.

Henri-Frédéric Amiel,
Journal intime, le 5 février 1869.

Il y a dans l'univers beaucoup de possibles qui se perdent, beaucoup de virtualités en réserve et qui s'étiolent faute d'un hasard pour les actualiser.

Vladimir Jankélévitch,
L'aventure, l'ennui, le sérieux.

L'ABSURDE

Plus on est absurde, plus on est intolérant et cruel : l'absurdité a élevé plus d'échafauds qu'il n'y a eu de criminels.

Voltaire,
Les Guèbres ou La tolérance.

Pourquoi combattre ce qu'on ne peut vaincre, pourquoi se ruer dans l'absurde, quand on le voit absurde et qu'on n'a pas d'entraînement pour excuse ? L'âme ne procède que par zigzags et oscillations. La vie intérieure n'est que la résultante de contradictions infinies.

Henri-Frédéric Amiel,
Journal intime, le 3 juillet 1877.

La vie est une gestation absurde, une grossesse vaine, une fausse-couche perpétuelle.

Henri-Frédéric Amiel,
Journal intime, le 16 novembre 1869.

Plus la vie est exaltante et plus absurde est l'idée de la perdre.

Albert Camus,
Le mythe de Sisyphe.

L'acte absurde est l'expression la plus haute de la liberté.

Emil Michel Cioran,
Le livre des leurres.

Plus absurde est la vie, moins supportable la mort.

Jean-Paul Sartre,
Sartre par lui-même.

Vouloir sans raison paraît absurde, et il est cependant salutaire de le faire au besoin. Il faut dans l'aliment le plus sain un peu de poison pour le rendre excellent, comme dans tout bonbon sucré, il faut un grain de sel. L'absurde n'est donc pas si absurde.

Henri-Frédéric Amiel,
Journal intime, le 30 juillet 1877.

INDEX

Alain 44, 71, 81, 93, 115, 125, 127, 130
Amiel Henri-Frédéric 76, 108, 116, 137, 142, 146, 150, 153, 155, 157, 159, 161, 162, 163, 165, 166, 167
Arendt Hannah 36, 160
Aristote 22, 43, 73, 79, 102
Augustin 31, 37, 65, 105
Aurèle Marc 45, 63, 86

Bacon Francis 26, 83, 97, 137, 138, 151
Bachelard Gaston 98
Badinter Elisabeth 159
Bakounine Mikhaïl 19, 47, 92, 133, 134
Baron d'Holbach 57, 91
Barthes Roland 122
Beauvoir Simone de 31, 41, 49, 70, 75, 129, 139, 145
Berkeley George 20
Bergson Henri 119, 153

Bignicourt Simon de 137, 140
Blumenberg Hans............................85
Burke Edmund 44

Camus Albert 25, 104, 111, 121, 123, 125, 142, 158, 166
Cicéron 25, 81
Cioran Emil Michel......27, 36, 51, 59, 95, 120, 166
Comte August 94, 114
Comte-Sponville André 43, 104
Conche Marcel……………………...104
Condillac Étienne Bonnot de 54
Confucius 30, 78, 99, 135, 155

Descartes René 55, 98
Deleuze Gilles 147
Diderot Denis 58, 76, 103
Diogène de Sinope 71
Dollfus Charles 145
Dostoïevski Fiodor 19, 29

Emerson Ralph Waldo 89
Engels Friedrich 95, 128
Épictète.............................46, 50, 89
Épicure 22, 35, 41, 62, 70
Érasme..89

Évola Julius 77, 133

Félicité Robert de Lamennais 59, 150, 159
Feuerbach Ludwig...........................93
Fontenelle Bernard...................57, 142
Foucault Michel 88

Gibran Khalil Gibran ....…..14, 21, 30, 37, 55, 89, 108, 130
Glucksmann André 39, 159
Guitton Jean 23

Habermas Jürgen...........................135
Heidegger Martin ....…...63, 80, 126
Hegel 57, 62, 76, 81, 91, 126, 128
Héraclite d'Éphèse 82, 138
Hobbes Thomas 72, 136
Hume David 56, 97

Isocrate 143, 162

Jankélévitch Vladimir 65, 117, 158, 161, 163
Jerphagnon Lucien ....…………32
Jonas Hans 48

Kant Emmanuel..................42, 56, 79, 94, 115, 145
Kierkegaard Søren.........29, 48, 59, 82
Krishnamurti Jiddu................139, 158

Lamennais Félicité Robert de 59, 150, 159
Leibniz Gottfried Wilhelm 16, 38, 68
Lessing Gotthold Éphraïm 97
Levinas Emmanuel....................41, 64
Lichtenberg Georg Christoph..........93
Locke John 51, 100, 101, 131
Lucrèce.......................................63, 92

Maïmonide Moïse 17
Maître Eckhart................................18
Machiavel Nicolas...........88, 110, 132
Maistre Joseph de 33, 38, 150, 154
Malebranche Nicolas...............68, 102
Massias Nicolas 138
Marx Karl............50, 77, 91, 126, 128
Meslier Jean 15, 100
Merleau-Ponty Maurice 83, 94, 129
Milet Thalès de 18, 142
Mill John Stuart............................134

Montaigne Michel de 27, 60, 67, 162
Montesquieu..........23, 49, 88, 94, 132
Morin Edgar 29, 98, 157

Nietzsche Friedrich 20, 39, 45, 48, 68, 74, 80, 98, 105, 107, 113, 116, 119, 122, 131, 147, 154

Ockham Guillaume d' 16
Omar Khayyām 45
Onfray Michel 71

Pascal Blaise.... ....13, 40, 54, 67, 86, 103, 104, 109, 122
Platon ..30, 38, 70, 107, 111, 139, 141
Plotin 99
Plutarque 24
Proudhon Pierre-Joseph 130
Pythagore 54

Renan Ernest 146
Richter Jean-Paul 141
Rothbard Murray.................…..….. 136
Rousseau Jean-Jacques 26, 49, 54, 65, 72, 75, 102, 110, 115, 116, 121, 125, 141, 149, 154

Russell Bertrand 128
Robinet Jean-Baptiste-René 149

Sartre Jean-Paul 15, 26, 49, 64,
 84, 109, 123, 146, 166
Salomon Paule 143
Scheler Max 31
Schleiermacher Friedrich 93
Schopenhauer Arthur 18, 39,
 44, 50, 75, 80, 85, 108, 116
Sénèque 32, 44, 82,
 87, 109, 120, 139, 162, 163
Servan Joseph Michel Antoine 131
Shrî Aurobindo 13
Smith Adam 114
Socrate 30, 10, 110
Spinoza Baruch 32, 48, 58, 87, 103
Stirner Max 135

Taine Hippolyte 107
Tagore Rabindranàth ....… 105
Thomas d'Aquin .... … 38, 74
Thoreau Henry David 123
Tocqueville Alexis de 51, 132

Valéry Paul 82, 87, 105, 123

Vivekananda Swami 99
Voltaire 42, 53, 70, 87, 92, 101,
    120, 129, 143, 165

Weil Simone.................23, 37, 56, 128
Weiss François-Rodolphe 138, 140
Wittgenstein Ludwig.......60, 119, 121

Les philosophes cités

A

Emile-Auguste, Chartier dit Alain Philosophe français, journaliste, essayiste (1868-1951)

Amiel, Henri-Frédéric Philosophe et écrivain suisse, auteur d'un journal intime exceptionnel de 17000 pages (1821-1881)

Aquin, Thomas de Philosophe, dominicain et théologien italien, connu pour son œuvre théologique et philosophique (1225-1274)

Arendt, Hannah Philosophe, politologue et journaliste allemande (1906-1975)

Aristote Philosophe grec de l'Antiquité, l'un des penseurs les plus influents du monde (384 av. J.-C.- 322 av. J.-C)

Augustin Philosophe chrétien de l'Antiquité tardive et théologien. Il est l'un des quatre Pères de l'Église d'Occident (354 - 430)

Aurèle, Marc Empereur, philosophe stoïcien et écrivain romain. Il est considéré comme l'un des meilleurs empereurs que Rome ait connu (121-180)

Aurobindo, Shrî Philosophe, poète et écrivain et nationaliste indien qui a proposé une philosophie de la vie divine sur terre à travers l'évolution spirituelle (1872-1950)

Averroès (Ibn Rushd) Philosophe, juriste, médecin et théologien musulman arabe, connu pour sa redécouverte d'Aristote. Son œuvre aura une grande influence et une postérité en Occident (1126-1198)

B

Bachelard, Gaston Philosophe français des sciences. Il est l'un des principaux représentants de l'école française d'épistémologie historique (1884-1962)

Bacon, Francis Philosophe et scientifique anglais. Il est le théoricien de la méthode expérimentale (1561-1626)

Badinter, Élisabeth Philosophe, féministe et historienne française (1944)

Bakounine, Mikhaïl Philosophie révolutionnaire et théoricien de l'anarchisme russe. Il pose dans ses écrits les fondements du socialisme libertaire (1814-1876)

Baron d'Holbach, Paul-Henri Thiry Philosophe matérialiste et savant allemand (1723-1789)

Barthes, Roland Philosophe, critique littéraire et sémiologue français (1915-1980)

Beauvoir, Simone de Philosophe et romancière française. Considérée par les mouvements féministes comme une pionnière de la libération de la femme (1908-1986)

Berkeley, George Philosophe et évêque anglican irlandais. Il fut l'un des trois grands empiristes britanniques du XVIIIe siècle (1685-1753)

Bergson, Henri Philosophe français. Professeur au Collège de France et membre de l'Académie des sciences morales et politiques et de l'Académie française. Il a reçu le prix Nobel de la littérature (1859-1941)

Bignicourt, Simon de Philosophe, moraliste et poète français (1709-1775)

Blaise, Pascal Philosophe, mathématicien, physicien, théologien et moraliste français. Il a propagé la doctrine religieuse qui enseigne l'expérience de Dieu par le cœur plutôt que par la raison (1623-1662)

Blumenberg, Hans Philosophe et historien allemand. Considéré comme l'un des philosophes allemands les plus importants du siècle (1920-1996)

Burke, Edmund Philosophe et homme politique irlandais. Il a défendu le conservatisme contre le jacobinisme dans Réflexions sur la révolution en France (1729-1797)

C

Camus, Albert Philosophe, romancier et dramaturge français et journaliste militant engagé dans la Résistance française et, proche des courants libertaires, dans les combats moraux de l'après-guerre, il reçoit le prix Nobel de littérature en 1957 (1913-1960)

Cioran, Emil Michel Philosophe, poète et écrivain roumain (1911-1995)

Comte, Auguste Philosophe et fondateur positivisme français (1798-1857)

Comte-Sponville, André Philosophe matérialiste, rationaliste et humaniste français. Depuis de nombreuses années, il tient la chronique ''Regard philosophique'' dans le magazine bimestriel Le Monde des Religions (1952)

Condillac, Étienne Bonnot de Philosophe, écrivain et économiste français (1714-1780)

Confucius Philosophe et théoricien politique de Chine, dont les idées ont profondément influencé les civilisations de la Chine et d'autres pays d'Asie de l'Est (551 av. J.-C- 479 av. J.-C.)

Conche, Marcel Philosophe français spécialiste de métaphysique et de la philosophie antique (1922)

D

Deleuze, Gilles fut l'un des philosophes français les plus influents et prolifiques de la seconde moitié du XXe siècle. Deleuze conçoit la philosophie comme la production de concepts et il se définit comme un « pur métaphysicien » (1925-1995)

Démocrite Philosophe grec considéré comme matérialiste en raison de sa conception d'un univers constitué d'atomes et de vide (460 av. J.C- 370 av. J.C.)

Descartes, René Philosophe, physicien et mathématicien français. Scientifique et rationnel, il a créé la philosophie cartésienne (1596-1650)

Diderot, Denis Philosophe, écrivain et encyclopédiste français des Lumières (1713-1784)

Dollfus, Charles Philosophe et essayiste français (1827-1913)

Dostoïevski, Fiodor Philosophe, romancier et essayiste russe. Il compte parmi les hommes de lettres dont l'œuvre a donné une inflexion durable au paysage littéraire (1821-1881)

E

Emerson, Ralph Waldo Philosophe et poète américain (1803-1882)

Engels, Friedrich Philosophe et théoricien socialiste et communiste allemand (1820-1895)

Éphèse, Héraclite de Philosophe grec (544 - 480 av. J.-C.)

Épictète Philosophe grec stoïcien. Il passe son enfance à Rome comme esclave, puis il est affranchi. Il enseigne comment l'homme peut parvenir à la liberté et au bonheur, en ne s'attachant qu'aux biens qui dépendent de lui (50-125)

Épicure Philosophe grec. Il est le fondateur de l'épicurisme, l'une des plus importantes écoles philosophiques de l'Antiquité (341-270 av. J.-C.)

Érasme Philosophe, humaniste et théologien néerlandais. Grande figure de l'humanisme du 16e siècle. Il est l'artisan de la première édition critique du Nouveau Testament en grec parue en 1516 (1469-1536)

Évola, Julius Philosophe, métaphysicien, poète et peintre italien (1898-1974)

F

Feuerbach, Ludwig Philosophe et anthropologue allemand (1804-1872)

Fontenelle, Bernard le Bouyer de Philosophe, moraliste et poète français (1657-1757)

Foucault, Michel Philosophe français. Il a introduit en philosophie des objets nouveaux ; la folie, la prison, la sexualité (1926-1984)

G

Gibran, Khalil Gibran Philosophe, peintre et poète libanais (1883-1931)

Glucksmann, André Philosophe et essayiste français. Il est à l'origine, avec Bernard-Henri Lévy, du courant des « Nouveaux Philosophes » qui critique les totalitarismes (1937-2015)

Guitton, Jean Philosophe et écrivain français. Élu à l'Académie française au fauteuil de Léon Bérard (10e fauteuil) et à l'Académie des sciences morales et politiques au siège de Ferdinand Alquié (1901-1999)

H

Habermas, Jürgen Philosophe et sociologue allemand. Son travail a fortement influencé de nombreuses disciplines, notamment les études de communication, les études culturelles, la théorie morale, le droit, la linguistique, la théorie littéraire, la philosophie, les sciences politiques, la théologie, la sociologie et la théorie démocratique (1929)

Hans, Jonas Philosophe allemand et historien du gnosticisme (1903-1993)

Heidegger, Martin Philosophe allemande et l'élève d'Edmund Husserl (1889-1976)

Hegel, Georg Wilhelm Friedrich Philosophe allemand qui a développé un schéma dialectique qui a mis l'accent sur les progrès de l'histoire et des idées de la thèse à l'antithèse et de là à une synthèse (1770-1831)

Hobbes, Thomas Philosophe anglais et théoricien du droit et du contrat social. Hobbes est l'un des fondateurs de la philosophie politique moderne (1588-1679)

Hochheim, Eckhart von dit Maître Eckhart Philosophe et théologien allemand. Le premier des mystiques rhénans (1260-1328)

Hume, David Philosophe, économiste et historien écossais (1711-1776)

I

Isocrate Philosophe et orateur grec. Son idéal de culture, qu'il appela philosophie, enseignait que l'art de bien parler passait par l'art de bien penser. Il s'opposa aux physiciens naturalistes du Ve siècle aux sophistes et à Platon (436 av. J.-C. - 338 av. J.-C.)

J

Jankélévitch, Vladimir Philosophe français. En 1951, il accède à la chaire de philosophie morale à la Sorbonne qu'il occupera pendant trente ans (1903-1985)

Jerphagnon, Lucien Philosophe français et historien de la philosophie grecque et romaine. Il est l'un des membres fondateurs du Centre international d'études platoniciennes et aristotéliciennes d'Athènes (1921-2011)

K

Kant, Emmanuel Philosophe allemand, fondateur du criticisme et de la doctrine dite idéalisme transcendantal (1724-1804)

Khayyâm, Omar Philosophe, astronome, poète et mathématicien persan (1048-1131)

Kierkegaard, Søren Philosophe, théologien et écrivain danois (1813-1855)

Krishnamurti, Jiddu Philosophe indien (1895-1986)

L

Lamennais, Félicité Robert de Philosophe, prêtre, écrivain et homme politique français (1782-1854)

Leibniz, Gottfried Wilhelm Philosophe, scientifique, mathématicien et philologue allemand. Il a laissé une immense œuvre où il incarne un rationalisme tourné vers le progrès spirituel (1646-1716)

Lessing, Gotthold Ephraïm Philosophe, dramaturge et critique littéraire (1729-1781)

Levinas, Emmanuel Philosophe d'origine lituanienne. Profondément influencé par la phénoménologie de Husserl, qu'il révéla au public français avec son travail de thèse. Il a expliqué la métaphysique dans le sens d'une transcendance vers l'autre (1906-1995)

Lichtenberg, Georg Christoph Philosophe et physicien allemande (1742-1799)

Locke, John Philosophe et écrivain anglais. Promoteur d'une philosophie politique reposant sur la notion du droit naturel (1632-1704)

Lucrèce Philosophe et poète latin. Auteur de l'un des ouvrages les plus connus des latinistes *De natura rerum* (98 - 55 av. J.-C.)

M

Machiavel, Nicolas Philosophe politique, diplomate et poète florentin de la Renaissance. Il est l'un des fondateurs de la politique moderne (1469-1527)

Maïmonide, Moïse Philosophe, théologien,Talmudiste, commentateur de la Mishna et médecin juif. Il est le premier à introduire de la philosophie dans le judaïsme. Sa pensée repose sur l'affirmation de la concordance entre la foi et la raison (1138-1204)

Maistre, Joseph de Philosophe, écrivain savoyard, sujet du royaume de Sardaigne (1753-1821)

Malebranche, Nicolas Philosophe, prêtre catholique et théologien français. Sa philosophie a cherché à synthétiser le cartésianisme avec la pensée de saint

Augustin et le néoplatonisme (1638-1715)

Massias, Nicolas Philosophe, diplomate et homme de lettres français (1764-1848)

Marx, Karl Philosophe, sociologue, économiste, socialiste et communiste allemand (1818-1883)

Merleau-Ponty, Maurice Philosophe français. Il était le principal partisan académique de l'existentialisme et de la phénoménologie. Connu pour son travail original et influent sur l'incarnation, la perception, et l'ontologie (1908-1961)

Meslier, Jean Philosophe et prêtre catholique français. À sa mort, on découvre un essai philosophique promouvant l'athéisme et le matérialisme (1664-1729)

Milet, Thalès de Philosophe présocratique, scientifique et mathématicien grec. Il est l'un des Sept sages de la Grèce antique et le fondateur présumé de l'école milésienne (625 - 546 av. J.C)

Mill, John Stuart Philosophe, logicien et économiste britannique. Il fut le penseur de langue anglaise le plus influent du XIXe siècle (1806-1873)

Montaigne, Michel de Philosophe et moraliste français. Son énorme volume Essais contient certains des essais les plus influents jamais écrits (1533-1592)

Montesquieu, Charles Louis de Secondat, baron de la Brède Philosophe, penseur politique, précurseur de la sociologie française des Lumières. Il a marqué le monde intellectuel en tant que philosophe de l'histoire et figure fondatrice de la science politique (1689-1755)

Morin, Edgar Philosophe et sociologue français. Il est reconnu pour ses travaux sur la complexité et la

« pensée complexe » et ses contributions à des domaines tels que la politique, la sociologie, l'anthropologie visuelle, l'écologie et la biologie des systèmes (1921)

N

Nietzsche Friedrich Philosophe et poète allemand. Ses écrits sur la vérité, la morale, la langue, l'esthétique, l'histoire, le nihilisme, le pouvoir et le sens de l'existence ont exercé une énorme influence sur la philosophie occidentale et l'histoire intellectuelle (1844-1900)

O

Ockham, Guillaume de Philosophe, logicien et théologien anglais, dit docteur invincible. Une des grandes figures du nominalisme (1285-1347)

Onfray, Michel Philosophe et essayiste français. Il a une vision du monde hédoniste, épicurienne et athée (1959)

P

Platon Philosophe grec d'Athènes. Disciple de Socrate, il est connu par son œuvre philosophique considérable sous formes de dialogues. Il fonda une école, l'Académie et Aristote fut son disciple (424 av. J.-C.- 347 av. J.-C.)

Plotin Philosophe gréco-romain de l'antiquité tardive représentant principal du courant philosophique appelé « néoplatonisme » (205-270)

Plutarque Philosophe, penseur et moraliste grec. Il est une des figures marquantes de l'hellénisme antique tardif (45-125)

Proudhon, Pierre - Joseph
Philosophe, socialiste et journaliste libertaire français. Ses doctrines sont

devenues la base de la théorie radicale et anarchiste ultérieure (1809-1865)

Pythagore Philosophe présocratique, réformateur religieux, thaumaturge et mathématicien grec. Il est connu de nos jours grâce à son théorème de Pythagore (580 av. J.-C.- 495 av. J.-C.)

R

Renan, Ernest Philosophe, écrivain philologue et historien français (1823-1892)

Robinet, Jean-Baptiste-René Philosophe, traducteur, collaborateur de l'Encyclopédie de Diderot et naturaliste français. Il est l'un des nombreux précurseurs de la théorie transformiste telle qu'elle se cristallise dans les travaux de Darwin (1735-1820)

Richter, Jean-Paul Philosophe et écrivain allemande (1763-1825)

Rothbard, Murray Philosophe et économiste américain. Théoricien de l'école autrichienne d'économie, du libertarianisme et l'anarcho-capitalisme. Il apporta des contributions majeures à l'économie, à l'histoire, à la philosophie politique et à la théorie juridique (1926-1995)

Rousseau, Jean-Jacques Philosophe et écrivain genevois francophone. Défenseur de la liberté individuelle et novateur en matière d'éducation et de politique (1712-1778)

Russell, Bertrand Philosophe, mathématicien, moraliste, épistémologue et logicien britannique. Penseur engagé, il dénonça l'arme nucléaire et l'impérialisme américain (1872-1970)

S

Salomon, Paule Philosophe et thérapeute française (1940)

Sartre, Jean-Paul Philosophe et écrivain français (1905-1980)

Scheler, Max Philosophe et sociologue français (1874-1928)

Schleiermacher, Friedrich Philosophe, prédicateur et théologien allemand (1768-1834)

Schopenhauer, Arthur Philosophe et écrivain allemand (1788-1860)

Sénèque Philosophe de l'école stoïcienne. Ses écrits ont contribué au prestige des lettres latines (4 av. J.-C- 65 ap. J.-C.)

Servan, Joseph Michel Antoine Philosophe, écrivain et juriste français (1737-1807)

Sinope, Diogène de Philosophe grec de l'Antiquité et représentant de l'école cynique (413 av. J.-C.- 327 av. J.-C.)

Smith, Adam Philosophe et économiste écossais des Lumières (1723-1790)

Socrate Philosophe grec, fondateur de la philosophie morale (470 av. J.-C. - 399 av. J.-C.)

Solemne, Marie de Philosophe et écrivain français.

Spinoza, Baruch Philosophe néerlandais. Il est considéré comme l'une des figures les plus importantes de la philosophie classique à cause de sa rigueur, de son sens critique qui lui vaut d'être poursuivi (1632-1677)

Stirner Max Philosophe allemand, théoricien de l'individualisme, précurseur de l'anarchisme (1806-1856)

T

Tagore, Rabindranath Philosophe, écrivain, dramaturge et peintre indien (1861-1941)

Taine, Hippolyte Philosophe et historien français, membre de l'Académie française (1828-1893)

Thoreau, Henry David Philosophe naturaliste et poète américain (1817-1862)

Tocqueville, Alexis de Philosophe politique, précurseur de la sociologie et homme politique français (1805-1859)

Tullius, Marcus, dit Cicéron Philosophe, orateur, écrivain et homme d'état romain (106 av. J.-C -43 av. J.-C.)

V

Valéry, Paul Philosophe, poète, écrivain, essayiste et critique français. Il écrivit plus tard un grand nombre d'essais et d'articles sur des sujets littéraires et s'intéressa beaucoup aux découvertes scientifiques et aux problèmes politiques. (1871-1945)

Vivekananda, Swami Philosophe et maître spirituel indien. Il fait connaître l'hindouisme et le yoga au monde occidental (1863-1902)

Voltaire Écrivain, historien et philosophe des Lumières français qui marquera le XVIIIe siècle. Célèbre pour son esprit, sa critique du christianisme ainsi que son plaidoyer pour la liberté d'expression, la liberté de religion et la séparation de l'Église et de l'État (1694-1778)

W

Weil, Simone Philosophe, humaniste, écrivain et militante politique française (1909-1943)

Weiss, François Rodolphe Philosophe, chef politique, militaire et écrivain suisse. Il était disciple de Jean-Jacques Rousseau (1751-1818)

Wittgenstein, Ludwig Philosophe et mathématicien autrichien. Ses ouvrages ont contribué à façonner les développements ultérieurs de la philosophie, en particulier dans la tradition analytique (1889-1951)

Couverture

The Rose, 1958 (oil on canvas)
Dali, Salvador (1904-89)
Crédit : Private Collection Photo © Christie's
Images/Bridgeman Images
© Salvador Dalí, Fundació Gala-Salvador Dali /
Adagp, Paris [2021]